BEI GRIN MACHT SICH IHR WISSEN BEZAHLT

- Wir veröffentlichen Ihre Hausarbeit,
  Bachelor- und Masterarbeit

- Ihr eigenes eBook und Buch -
  weltweit in allen wichtigen Shops

- Verdienen Sie an jedem Verkauf

Jetzt bei www.GRIN.com hochladen
und kostenlos publizieren

Bibliografische Information der Deutschen Nationalbibliothek:

Die Deutsche Bibliothek verzeichnet diese Publikation in der Deutschen National-bibliografie; detaillierte bibliografische Daten sind im Internet über http://dnb.d-nb.de/ abrufbar.

Impressum:

Copyright © 2014 GRIN Verlag, Open Publishing GmbH
Druck und Bindung: Books on Demand GmbH, Norderstedt Germany
ISBN: 9783668279094

Dieses Buch bei GRIN:

http://www.grin.com/de/e-book/338427/finanzierungskonzepte-von-fussballvereinen-fc-bayern-muenchen-bvb-borussia

Florian Koch, Vanessa Rajovc

Finanzierungskonzepte von Fußballvereinen. FC Bayern München, BVB Borussia Dortmund und Bayer Leverkusen im Vergleich

GRIN Verlag

GRIN - Your knowledge has value

Der GRIN Verlag publiziert seit 1998 wissenschaftliche Arbeiten von Studenten, Hochschullehrern und anderen Akademikern als eBook und gedrucktes Buch. Die Verlagswebsite www.grin.com ist die ideale Plattform zur Veröffentlichung von Hausarbeiten, Abschlussarbeiten, wissenschaftlichen Aufsätzen, Dissertationen und Fachbüchern.

Besuchen Sie uns im Internet:

http://www.grin.com/

http://www.facebook.com/grincom

http://www.twitter.com/grin_com

FOM Hochschule für Oekonomie & Management Essen

Standort München

Berufsbegleitender Studiengang zum Bachelor of Arts

Open Business School/ Wirtschaft und Management

Seminararbeit

im Modul Fallstudie Unternehmensfinanzierung

im 7. Semester

FC Bayern München : BVB Borussia Dortmund : Bayer Leverkusen

– Vergleich der Finanzierungskonzepte von Fußballvereinen

Autor: Florian Koch, Vanessa Rajovc

Weßling, den 21. Dezember 2014

München, den 21. Dezember 2014

Inhaltsverzeichnis

Seite

Abbildungs- und Tabellenverzeichnis...III

1. Einleitung 1

2. FC Bayern München 2

    2.1. Die Außenfinanzierung des FC Bayern München 2

        2.1.1. Der Konzern FC Bayern München AG 2

        2.1.2. Die Allianz Arena München Stadion GmbH AG.......................3

    2.2. Die Innenfinanzierung des FC Bayern München 4

        2.2.1. Das ursprüngliche Kerngeschäft 4

        2.2.2. Die voranschreitenden Geschäftsfelder 4

        2.2.3. Die Entwicklung der letzten Jahre 5

3. Borussia Dortmund 6

    3.1. Die Innenfinanzierung von Borussia Dortmund 6

        3.1.1. Die Konzernstruktur 0

        3.1.2. Das operative Tagesgeschäft..7

    3.2. Die Außenfinanzierung von Borussia Dortmund............................9

        3.2.1 Die Borussia Dortmund GmbH & Co. KGaA - Börsengang 9

        3.2.2. Der Signal Iduna Park - Sale-and-Lease-back 10

4. Bayer 04 Leverkusen 11

    4.1 Die Innenfinanzierung von Bayer 04 Leverkusen 12

    4.2 Die Außenfinanzierung von Bayer 04 Leverkusen 12

        4.2.1. Die Bayer 04 Leverkusen Fußball GmbH 12

        4.2.2. Die BayArena...14

5. Der Vergleich der Gesellschaftsformen 15

    5.1 Die Aktiengesellschaft - AG...15

    5.2 Die Kommanditgesellschaft auf Aktien - KGaA 17

5.3 Die Gesellschaft mit beschränkter Haftung - GmbH 17

6. Fazit 18

Abbildungs- und Tabellenverzeichnis

Abbildung 1:

Unternehmensformen der Bundesligavereine, Seite 18.

Quelle: Eigene Abbildung, München 2014

1. Einleitung

Alemania Aachen, MSV Duisburg, VfL Bochum: Die Liste der verschuldeten Sport-
klubs ist nicht nur in Deutschland lang. Auch im europäischen Fußball trifft die Plei-
te immer mehr Profiklubs.[1] Dies ist meist ein schleichender Prozess, der sich über
Jahre entwickelt oder durch Investitionen entsteht, welche die finanzielle Kapazität
der Vereine übersteigt. Wie beispielsweise ein Stadionneubau oder auch die stetig
steigenden Spielergehälter und Ablösesummen im europäischen Fußball. Dies
brachte manche Vereine in die prekäre Lage, die Ausgaben nicht mehr mit den
laufenden Einnahmen decken zu können. Das solide wirtschaftliche Grundprinzip
des FC Bayern München „Einnahmen orientierte Ausgabenpolitik", machte die UE-
FA deshalb mit dem Financial Fairplay zum Maßstab des europäischen Fußballs.[2]
Beim Financial Fairplay geht es in erster Linie darum, durch das Reglement die
ökonomische und monetäre Leistungsfähigkeit der Klubs zu verbessern, mehr Dis-
ziplin und Rationalität im finanziellen Bereich zu schaffen und die Lebensfähigkeit
und Nachhaltigkeit des europäischen Klubfußballs dauerhaft zu wahren. Ziel soll
also der langfristige wirtschaftliche Erfolg sein.[3] Zudem spielt die Rechtsform der
Fußballvereine heutzutage eine immer wichtigere Rolle, wobei deutliche Unter-
schiede in den verschiedenen Ländern zu finden sind. In England war es einem
Verein beispielsweise bereits 1896 möglich, sich in eine Kapitalgesellschaft umzu-
wandeln. In Deutschland hielt dies erst im Jahre 1998 Einzug. Ab diesem Zeitpunkt
war es den Vereinen gestattet, Ausgliederungen in eine GmbH, GmbH & Co. KGaA
oder AG vorzunehmen.[4]

Diese im Fußball immer bedeutender werdenden Themen, veranlassten uns zu
dieser Seminararbeit. Ziel der Arbeit soll in erster Linie sein, drei solide deutsche
Fußballvereine mit ihren unterschiedlichen Finanzierungskonzepten darzustellen
und schlussendlich zu vergleichen. Hierzu wird im zweiten Kapitel zuerst Deutschlands erfolgreichster und sicherlich bekanntester Fußballverein, der FC Bayern
München und die FC Bayern München AG betrachtet. In Kapitel Drei wird der BVB,
Deutschlands zweiterfolgreichster Verein, mit seiner börsennotierten Borussia
Dortmund GmbH & Co. KGaA in Augenschein genommen. Im vierten Kapitel wird
als dritter und letzter Verein noch Bayer 04 Leverkusen mit seiner "Werkself" be-
handelt. In Kapitel Fünf werden wir abschließend noch die drei Gesellschaftsfor-

---

[1] Vgl. Andres, D. (2013)
[2] Vgl. FC Bayern München (2014a)
[3] Vgl. UEFA (2010)
[4] Vgl. Spiegel Online (1998)

men der Vereine einander gegenüberstellen und zum Vergleich eine kurze Übersicht über die Gesellschaftsformen der deutschen Bundesligisten darstellen.

2. FC Bayern München

Der im Februar 1900 gegründete Fußballverein gehört heute zu einem der erfolgreichsten Vereine der Welt. Nicht nur im Profifußball hat sich der FC Bayern München in den letzten Jahrzehnten an die Spitze gekämpft, auch im wirtschaftlichen Sektor ist das Unternehmen heute überaus umsatzstark. Mit 368 Millionen Euro Umsatz belegen die Bayern 2013 weltweit den vierten Platz der größten Fußballklubs. Im Jahr 2014 schaffte es der Klub sogar auf den dritten Platz, in Deutschland liegt der FC Bayern München damit auf Platz Eins.[5]

2.1. Die Außenfinanzierung des FC Bayern München

2.1.1. Der Konzern FC Bayern München AG

Anfang 2014 ist der FC Bayern München die wertvollste Fußballmarke der Welt. Mit umgerechnet knapp 660 Millionen Euro Markenwert führt Bayern zum zweiten Mal die Rangliste vom Brand Finance Institut, dem weltweit führenden Markenbewertungsinstitut, vor Real Madrid und Manchester United an.[6]

Die Leitlinie des Wirtschaftsunternehmens FC Bayern lautet „Einnahmen orientierte Ausgabenpolitik – wir geben nur aus, was wir vorher verdient haben".[7] Mit einem Konzerngewinn nach Steuern in Höhe von 14 Millionen Euro und einem Umsatz von fast 440 Millionen Euro kennt der Münchner Fußballkonzern das Wort Finanzproblem nicht. Ein Konzern war der FC Bayern jedoch nicht von der ersten Stunde an. Seit dem 21. Dezember 2001 ist im Handelsregister des Amtsgerichts München die FC Bayern München AG eingetragen.[8] Im Februar 2002 wurde hierzu die Lizenzspielerabteilung ausgegliedert und zu einer, nicht börsennotierten Aktiengesellschaft, umgewandelt. Somit wurde aus der Profifußballabteilung, der Amateurmannschaft, den A und B – Juniorenteams, der Damenfußballabteilung und allen für die Organisation der Teams notwendigen Geschäftsbetriebe eine eigene Kapitalgesellschaft.[9] Dies war insbesondere für die Kapitalbeschaffung zur Stadionfinanzierung der Allianz Arena nötig, aber auch um die Wettbewerbsfähigkeit aufrecht zu erhalten.

---

[5] Vgl. Handelsblatt (2013b)
[6] Vgl. Brand Finance plc (2014)
[7] Vgl. Hopfner, K. (2014)
[8] Vgl. Focus Online (2002)
[9] Vgl. FC Bayern München (2014b)

3

Im Rahmen einer Beteiligung kaufte sich bereits im Jahr 2001 der bisherige Sponsor und Sportartikelhersteller Adidas-Salomon AG in die noch zu gründende FC Bayern München AG mit 150 Millionen Mark, umgerechnet also ca. 77 Millionen Euro und einem künftigen Anteil in Höhe von 10 Prozent ein.[10] 2010 wurde neben Adidas auch Audi, seit 2002 bereits Automobilpartner des Vereins, für 90 Millionen Euro Anteilseigner an der FC Bayern München AG.[11] Im Februar 2014 wurde bekannt, dass die Allianz SE als dritter Anteilseigner mit einem Betrag in Höhe von 110 Millionen Euro bei der FC Bayern München AG einsteigt. Durch diese Kapitalerhöhung betragen die Anteile aller drei Anteilseigner je 8,33 Prozent, die FC Bayern München AG hält selbst noch 75,01 Prozent. Mit diesem Geld, konnten die Bayern die restlichen Schulden für den Bau der Allianz Arena vorzeitig tilgen und auch die Namensrechte an der Arena bis 2041 sichern.[12]

Das Mutterunternehmen, die FC Bayern München AG mit den Aktionären Audi, Adidas und der Allianz SE, ist in erster Linie für das Geschäftsfeld Fußball zuständig. Dieses teilt sich laut Konzernabschluss in die Erlösquellen: Spielbetrieb, Sportveranstaltung, Vermarktung und Sponsoring, sowie Merchandising, Lizenzen und Transfers. Durch diese Einnahmequellen erzielte der Konzern im Geschäftsjahr 2012/2013 einen Konzernumsatz von 432,8 Millionen Euro. Allein durch die UEFA Champions League wurden dem FC Bayern 62,9 Millionen Euro ausgeschüttet.[13]

2.1.2. Die Allianz Arena München Stadion GmbH

Neben dem Mutterunternehmen gehören auch die Tochterunternehmen die Allianz Arena München Stadion GmbH, die Allianz Arena Payment GmbH und die Arena Stadion Beteiligungs GmbH & Co. KG zu dem Konzern. Die Allianz Arena München Stadion GmbH lies die in 2005 eröffnete Allianz Arena bauen und verwaltet diese als Fußballstadion für den FC Bayern und auch für Dritte. Vermarktet wird die Arena auch für diverse Events wie z.b. Stadionführungen oder das Champions League Finale. 2006 erwarb der FC Bayern München für ein Darlehen in Höhe von 11 Millionen Euro die 50 Prozent Anteile des TSV 1860 München an der 2001 gegründeten Stadion GmbH. 2008 wurde das vereinbarte Rückkaufrecht des TSV 1860 München an den 50 Prozent der Stadion GmbH notariell aufgehoben. Seither ist

---

[10] Vgl. Frankfurter Allgemeine Zeitung GmbH (2001)
[11] Vgl. Reuters Nachrichtenagentur (2009)
[12] Vgl. Reuters Nachrichtenagentur (2014)
[13] Vgl. Hörwick, M. (2013)

der FC Bayern alleiniger Anteilseigner.[14] Die Allianz Arena Payment GmbH dient ausschließlich als Dienstleister für die Stadion GmbH. Sie ist verantwortlich für das elektronische Kartenbezahlsystem innerhalb des Stadions und dient dem Verkauf von Karten, Waren und Dienstleistungen innerhalb der Allianz Arena. Die Arena Stadion Beteiligungs GmbH & Co. KG hält eine Beteiligung in Höhe von 5,1 Prozent an der Allianz Arena München Stadion GmbH und wurde hierfür ins Leben gerufen.[15]

2.2. Die Innenfinanzierung des FC Bayern München

2.2.1. Das ursprüngliche Kerngeschäft

Die Innenfinanzierung, also die Finanzierung aus eigener Kraft, besteht im Profifußball vor allem aus den Einnahmen des Spielbetriebes – dem Kerngeschäft der Fußballklubs und der früheren Haupteinnahmequelle. Also den Ticketerlösen aus den Bundesliga Heimspielen, Freundschaftsspielen, den DFB-Pokal und UEFA Champions League spielen. Wie bereits erwähnt, wurden allein durch Startgelder und Prämien an der UEFA Champions League beim FC Bayern München 62,9 Millionen Euro im Geschäftsjahr 2012/2013 eingenommen. Insgesamt brachten die Einnahmen aus dem Spielbetrieb den Bayern im Jahr 2012/2013 beachtliche 150 Millionen Euro. Im heutigen Profifußball wird diese Einnahmequelle jedoch immer mehr durch weitere ergänzt.

2.2.2. Die voranschreitenden Geschäftsfelder

Die Einnahmen aus Sponsoring und Vermarktung spielen bei der Innenfinanzierung im Geschäftsjahr 2012/2013 des FC Bayern eine große Rolle in Höhe von 102,4 Millionen Euro.[16] Die Liste der Sponsoren des bayerischen Rekordmeisters ist lang. Neben namhaften Größen wie der Deutschen Telekom, den Anteilseignern Audi, Adidas und der Allianz, reihen sich unter anderem auch SAP, Paulaner, die Hypo Vereinsbank und Giorgio Armani ein.[17] Die wichtigsten Sponsoren finden sich neben Karl Hopfner, dem Vereinspräsidenten und Edmund Stoiber auch im Aufsichtsrat der FC Bayern München AG wieder.

Das ertragreichste Vermarktungspotential von Werbeplätzen im Fußballsport bieten wohl die Werbung über den Stadionnamen, Trikotsponsoring und die Bannerwer-

---

[14] Vgl. Allianz Arena München Stadion GmbH (2014)
[15] Vgl. Bayern Magazin (2009)
[16] Vgl. Hörwick, M. (2013)
[17] Vgl. FC Bayern München (2014c)

bung. Aber auch das Merchandising trägt bei den Bayern mit 82,8 Millionen Euro zu einem großen Teil am Umsatz bei.[18] In den zahlreichen FC Bayern Fanshops und auch im Internet sind vom FC Bayern Trikot bis hin zur FC Bayern Schokolade diverse vereinsbezogene Fanartikel erhältlich.

Im Geschäftsjahr 2012/2013 schrieb der FC Bayern insgesamt 55,9 Millionen Euro ab. Diese Abschreibungen setzten sich aus den Anlageabschreibungen in Höhe von 3,7 Millionen Euro und den Transferabschreibungen in Höhe von 52,2 Millionen Euro zusammen. Für ungewisse Verbindlichkeiten wurden im letzten Geschäftsjahr Rückstellungen im Wert von 22,2 Millionen Euro gebildet.[19]

Durch sonstige Einnahmen wie Mieten und Pachten für die Nutzung des Stadions bei beispielsweise Länderspielen, Einnahmen durch die DFB-Abstellung der Nationalspieler und auch die Einnahmen durch die zweite Mannschaft oder die Jugend- und Frauenfußballmannschaften des FC Bayern sowie Mitgliederbeiträge, schlagen beim Umsatz des FC Bayern München im Geschäftsjahr 2012/2013 mit 13 Millionen Euro zu Buche.[20] Die Einnahmen aus Spielertransfers brachten den Bayern mit 1,6 Millionen Euro, im Vergleich zum Vorjahr mit immerhin 5 Millionen Euro, einen relativ geringen Teil des Umsatzes ein.[21]

Im Gegensatz hierzu, trugen die Einnahmen aus der TV- und Hörfunkvermarktung in Höhe von 44,1 Millionen Euro zu 11 Prozent am Jahresumsatz des Geschäftsjahres 2012/2013 bei.[22] Die Höhe der Ausschüttung dieser Gelder erfolgt durch Berechnung des Bundesliga-Tabellenplatzes in der Fünfjahres-Wertung, das Abschneiden in der UEFA Champions League und dem DFB-Pokal. Diese Art der Berechnung hält jedoch nur noch in dieser Spielzeit Einzug.[23]

2.2.3. Die Entwicklung der letzten Jahre

Vergleicht man die Kennzahlen der letzten zehn Geschäftsjahre, stellt man schnell fest, dass die FC Bayern München AG ein wirtschaftlich und sportlich sehr erfolgreiches und solides Unternehmen ist. So konnte das Unternehmen vom Geschäftsjahr 2003/2004 mit 166,3 Millionen Euro, zum Geschäftsjahr 2012/2013 mit 393,9 Millionen Euro seinen Umsatz um 227,6 Millionen Euro anheben. Beim EBITDA konnte eine Steigerung von 44,5 Millionen Euro erzielt werden und beim Gewinn

---

[18] Vgl. Hörwick, M. (2013)
[19] Vgl. FC Bayern München AG (2013)
[20] Vgl. Hörwick, M. (2013)
[21] Vgl. Hopfner, K. (2012)
[22] Vgl. Hörwick, M. (2013)
[23] Vgl. DFL Deutsche Fußball Liga GmbH (2014)

nach Steuern konnte der FC Bayern mit 14 Millionen Euro, im Geschäftsjahr 2012/2013 den dritthöchsten Gewinn der Vereinsgeschichte erwirtschaften. Im Geschäftsjahr 2003/2004 lag dieser vergleichsweise noch bei -3,4 Millionen Euro.[24] Für die Aktionäre der FC Bayern München AG bedeutete dies eine neue Rekorddividende von 8,2 Millionen Euro. Für den FC Bayern München e. V. entsprach dies einer Dividende von 6,8 Millionen Euro. Mit einem Eigenkapital zum Ende des Geschäftsjahres in Höhe von 286,8 Millionen Euro und einer Eigenkapitalquote von über 70 Prozent kann der Fußballklub mit seiner ausgezeichneten wirtschaftlichen Lage beruhigt in die Zukunft blicken.[25]

Dem Ideal des „Ehrbaren Kaufmanns" – erfolgreich sein, aber auch die Schwachen nicht vergessen – fühlt sich der FC Bayern schon immer verpflichtet. Die Liste der durch den Rekordmeister geretteten Vereine ist lang.[26] Darunter befindet sich auch Borussia Dortmund, welche den Bayern mittlerweile aus finanzieller Sicht dicht auf den Fersen ist. Der BVB steht derzeit auf Platz zwei in Deutschland.

3. Borussia Dortmund

Der Rekordmeister Bayern München ist die unangefochtene Nummer Eins im deutschen Profifußball. Doch spätestens seit den beiden Meisterschaftserfolgen 2011 und 2012 gehört auch Borussia Dortmund zu den Topadressen in der Fußball Bundesliga. Der Fußballklub wurde im Dezember 1909 gegründet und ist im Juni 2013 mit 305 Millionen Euro Umsatz der finanziell zweitstärkste Klub in Deutschland. Obwohl die "Borussen" weniger Umsatz als der FC Bayern München erwirtschafteten, stellten sie mit 53,3 Millionen Euro Gewinn nach Steuern den Ligarekord auf.[27]

3.1. Die Innenfinanzierung von Borussia Dortmund

3.1.1. Die Konzernstruktur

Der Konzern Borussia Dortmund GmbH & Co. KGaA weißt eine weitreichende Struktur auf. Er hält an den Tochterunternehmen BVB Stadionmanagement GmbH, BVB Merchandising GmbH, BVB Event & Catering GmbH und der Sports & Bytes GmbH jeweils 100 Prozent. Des Weiteren ist er zu 51 Prozent an der Besttravel Dortmund GmbH und zu 33,3 Prozent an der Orthomed Medizinisches Leistungs-

---

[24] Vgl. FC Bayern München AG (2013)
[25] Vgl. Hörwick, M. (2013)
[26] Vgl. FC Bayern München (2014d)
[27] Vgl. Spiegel Online (2013)

und Rehabilitationszentrum GmbH beteiligt. All diese Unternehmen stellen somit eine Einnahmequelle für den Verein dar.[28]

3.1.2. Das operative Tagesgeschäft

Das aktuelle Geschäftsjahr 2013/2014 schloss die Borussia Dortmund GmbH & Co. KGaA mit einem Gesamtumsatz von 228,8 Millionen Euro, einem EBITDA von 40,8 Millionen Euro, einem EBIT von 11,1 Millionen Euro und einem daraus resultierenden Cash-Flow von 19,3 Millionen Euro ab. Aufgrund dieses Ergebnisses konnte der BVB eine Gewinnrücklage von 47,1 Millionen Euro generieren. Für alle ungewissen Verbindlichkeiten wurden Rückstellungen von 5,3 Millionen Euro gebildet. Je nach Nutzungsdauer wurden des Weiteren 30,7 Millionen Euro abgeschrieben. Die Abschreibung setzt sich aus immateriellen Vermögensgegenständen und dem Sachanlagevermögen zusammen.[29]

Der größte Teil des Umsatzes konnte durch die mediale Verwertung, also durch TV-Vermarktung eingenommen werden. Ab der Saison 2014/2015 wird es bei der Verteilung der Medieneinnahmen eine Änderung zu Gunsten der Planungssicherheiten der Klubs geben. Diese sieht in erster Linie vor, dass das sportliche Abschneiden der laufenden Spielzeit nicht mehr in die Berechnung einbezogen wird. Dies hat vor allem den Vorteil, dass den Vereinen aus der 1. und 2. Bundesliga bereits vor Saisonbeginn bekannt ist, mit welchen Summen sie planen können.[30] In der Saison 2013/2014 erhielt der BVB hier 41,3 Millionen Euro von der Deutschen Fußball Liga. Im Geschäftsbericht wurden hier jedoch 81,4 Millionen Euro ausgewiesen. Die Differenz von 40,1 Millionen Euro setzt sich aus den UEFA TV-Geldern und der gemeinschaftlichen Vormarktung zusammen.[31] Die im Geschäftsbericht angegebenen 81,4 Millionen Euro entsprechen 36,4 Prozent des Gesamtumsatzes. Im Vergleich zu anderen Top-Ligen, wie der Barclays Premier League in England, erhalten deutsche Vereine jedoch wenig Geld. Die TV-Gelder werden im Allgemeinen noch weiter steigen.[32] [33]

Einen weiteren wichtigen Bestandteil stellen mit 32,6 Prozent die Einnahmen aus dem Bereich Werbung dar. Dieser belief sich zum Juni 2014 auf 73 Millionen Euro. Diese Summe setzt sich aus den vielen Sponsorenverträgen des BVB zusammen.

---
[28] Vgl. Borussia Dortmund GmbH & Co. KGaA (2014f)
[29] Vgl. Borussia Dortmund GmbH & Co. KGaA (2014e)
[30] Vgl. DFL Deutsche Fußball Liga GmbH (2014)
[31] Vgl. Rilke, L. (2014)
[32] Vgl. Borussia Dortmund GmbH & Co. KGaA (2014d)
[33] Vgl. Rilke, L. (2014)

Neben den drei größten Sponsoren Evonik, Signal Iduna und Puma SE wird der BVB gerade im Europapokal von BVB Champion Partner wie z.B. Turkish Airlines, Huawei oder Opel unterstützt. Allein durch die Trikotwerbung von Evonik verdienen die "Borussen" ca. 18 Millionen Euro jährlich.[34][35]

Erst nach diesen beiden großen Einnahmequellen kommen mit 18,1 Prozent vom Umsatz die Einnahmen aus dem Spielbetrieb, also jene, die mit der eigentlichen Aktion Fußball zu tun haben. Sie belaufen sich insgesamt auf 40,5 Millionen Euro. Je erfolgreicher ein Klub ist, desto höher sind die Einnahmen in diesem Bereich. Neben diesen Positionen fließen auch die Erlöse aus Ticketverkäufen in den Bereich Spielbetrieb mit ein. Um diese zu erhöhen, investierte der BVB auch immer in den Signal Iduna Park, um den Komfort für den Zuschauer zu erhöhen.[36]

Eine sehr schwankende Einnahmequelle stellen die Transfererlöse dar. In der Saison 2013/2014 konnte der BVB hier 4,5 Millionen Euro generieren. Dies entsprach lediglich 2 Prozent der Gesamteinnahmen. Im Jahr zuvor waren es noch 51,6 Millionen Euro. Der Verkauf des Nationalspielers Mario Götze an den FC Bayern zwang die "Borussen" dazu Ersatz in Person von Pierre-Emerick Aubameyang und Henrikh Mkhitaryan zu beschaffen. Die Differenz zwischen Transfereinnahmen und Transferausgaben blieb in diesem Jahr deshalb verhältnismäßig gering. Zusätzlich zu den Transfereinnahmen, erhielt der BVB in diesem Jahr 4,7 Millionen Euro, da er seine Spieler an die jeweiligen Nationalmannschaften abgestellt hat.[37][38]

Abschließend gehen wir noch auf die Erlöse aus dem Bereich Merchandising ein. Dabei handelt es sich um sämtliche Einnahmen aus dem Verkauf von Fanartikeln. Der BVB hat hier 19,7 Millionen Euro eingenommen.[39] Interessant ist jedoch, dass die Dortmunder mit einem Einbruch dieser Einnahmen zu kämpfen hatten, als Sie Mario Götze verkauften. Nach seinem Abgang gingen die Einnahmen aus Merchandising verhältnismäßig stark zurück.[40]

Trotz eines erfolgreichen Jahres sanken die Erlöse im Vergleich zum Vorjahr um 17,9 Prozent. Als Grund hierfür sind die geringeren Transfererlöse und das Ausscheiden im Viertelfinale in der UEFA Champions League anzusehen.[41]

---

[34] Vgl. Borussia Dortmund GmbH & Co. KGaA (2014d)
[35] Vgl. SID Sport-Informations-Dienst GmbH (2014b)
[36] Vgl. Borussia Dortmund GmbH & Co. KGaA (2014d)
[37] Vgl. Transfermarkt.de (2014)
[38] Vgl. Borussia Dortmund GmbH & Co. KGaA (2014d)
[39] Vgl. Borussia Dortmund GmbH & Co. KGaA (2014e)
[40] Vgl. SID Sport-Informations-Dienst GmbH (2014c)
[41] Vgl. Borussia Dortmund GmbH & Co. KGaA (2014d)

3.2. Die Außenfinanzierung von Borussia Dortmund

3.2.1. Die Borussia Dortmund GmbH & Co. KGaA - Börsengang

Um die finanzielle Situation des Vereins zu verbessern, entschloss sich die BVB-
Geschäftsführung am 31. November 2001, als erster und einziger deutscher Fußballklub, an die Börse zu gehen. Bereits im November 1999 wurde auf der Mitglie-
derversammlung beschlossen, dass die Lizenzspielerabteilung, also Profi-, Ama-
teur- und A-Jungendmannschaft ausgegliedert und in die neu gegründete Borussia
Dortmund GmbH & Co. KGaA eingebracht wird. Dies war die Voraussetzung, um
die Kapitalbeschaffung durch einen Börsengang zu ermöglichen. Im Zuge dessen
hatten viele Kritiker die Sorge, dass eine zu große Distanzierung zwischen Verein
und Gesellschaft entsteht. Aus diesem Grund wurde die persönlich haftende Borussia Dortmund Geschäftsführungs-GmbH als Komplementär eingesetzt. Ihr alleiniger Gesellschafter ist wiederum der Verein BV. Borussia 09 e.V. Dortmund, so-
dass auch rechtlich gesehen eine enge Bindung zwischen Verein und Gesellschaft
aufrechterhalten werden konnte.[42] Der erste Handelstag ist nicht besonders erfolgreich verlaufen. Mit einem Ausgabepreis von 11,00 Euro ist die Aktie des BVB ge-
startet. Noch am selben Tag rutschte der Wert auf 9,94 Euro je Anteil ab.[43] Am 25.
Oktober 2014 liegt der Aktienkurs bei 4,29 EUR pro Anteil.[44] Wer seine Aktie seit
der Herausgabe hält, musste einen sehr großen Verlust hinnehmen. Viele Analys-
ten haben dies vorhergesagt. Fußballaktien werden an der Börse mit sehr viel Vor-
sicht betrachtet. Die Änderung des Kurses hängt unweigerlich vom Erfolg der
Mannschaft ab. Zeigt sich diese unmotiviert oder hat mit verletzungsbedingten Aus-
fällen zu kämpfen und verliert deshalb, ist ein steigender Kurs nicht möglich. Die
Investition scheint für Interessenten somit ein hohes Risiko darzustellen. Fußballaktien versprechen auch heute noch geringere Renditen im Vergleich zu anderen
Unternehmen.[45] Um die Attraktivität der Aktie zu erhöhen und das Vertrauen zu
festigen hat der BVB die Zulassung zum Prime Standard an der Frankfurter Wert-
papierbörse beantragt. Diese wurde am 27. Mai 2014 mit Gültigkeit zum 30. Mai
2014 erteilt und erfordert künftig höchste Transparenz.[46]

Die Erstemission brachte dem Verein 130 Millionen Euro ein. Obwohl man im Jahre
2002 überraschend Deutscher Meister wurde, hatte die Vereinsführung bis 2005

---

[42] Vgl. Borussia Dortmund GmbH & Co. KGaA (2014f)
[43] Vgl. Spiegel Online (2000)
[44] Vgl. Finanzen100 (2014)
[45] Vgl. Wolff, S. (2000)
[46] Vgl. Borussia Dortmund GmbH & Co. KGaA (2014c)

ganze 118 Millionen Euro Schulden angesammelt. Diese kamen aufgrund von teuren Transfers zustande, welche den gewünschten Erfolg nicht hervorgerufen hatten. Aufgrund dieses schlechten Wirtschaftens, fiel der Aktienkurs stark, da viele Anleger ihre Anteile verkauften.[47] Wegen dem insgesamt schwierigen Börsengang ist der BVB bis heute der einzige deutsche Fußballverein der diesen Weg gegangen ist. Einer allgemeinen Managerumfrage zufolge erwägt kein weiterer Fußballverein in Deutschland einen solchen Schritt.[48] Am 09. September 2014 konnte sich die Borussia Dortmund GmbH & Co. KGaA über eine Kapitalerhöhung von 114 Millionen Euro freuen.[49] Die bisherigen Beteiligten Evonik, Signal Iduna und Puma SE haben ihre Anteile an der Aktie erhöht und weiterhin in den Verein investiert. Mit 14,7 Prozent ist Evonik der größte Aktionär des BVBs. Mit 8,5 Prozent folgt Bernd Geske, mit 5,5 Prozent der Ballspielverein Borussia 09 e.V. Dortmund, mit 5,4 Prozent Signal Iduna, mit 5 Prozent PUMA SE. 60,7 Prozent befinden sich derzeit im Streubesitz, also nicht im Besitz von Großaktionären, sondern der breiten Masse wie z.B. Privatanleger.[50]

Im ersten Moment könnte man deshalb meinen, dass die sogenannte 50-plus-1-Regel verletzt wird. Diese besagt, dass der ursprüngliche Verein mindestens 51 Prozent der Anteilsstimmen in seinem Besitz haben muss. Dadurch soll gewährleistet werden, dass Investoren keine Mehrheit erlangen und grundlegende Veränderungen ohne Zustimmung des Vereins durchführen können.[51] Die Kapitalstruktur ist beim BVB so verteilt, dass der ursprüngliche Verein nur 5,5 Prozent davon hält. Da der Ballspielverein Borussia 09 e.V. Dortmund alleiniger Anteilseigner der Borussia Dortmund Geschäftsführungs-GmbH ist und diese wiederrum als Komplementär in der Borussia Dortmund GmbH & Co. KGaA hinterlegt ist, liegt das 100 prozentige Stimmrecht der GmbH & Co. KGaA beim ursprünglichen Verein. Die Finanzregel 50-plus-1 wird somit nicht verletzt.

3.2.2. Der Signal Iduna Park - Sale-and-Lease-Back

Zwischen 1971 und 1974 wurde anlässlich der WM 1974 in Deutschland das Westfalenstadion in Dortmund gebaut. Die Kosten hierfür haben ca. 27 Millionen Mark, umgerechnet ca. 14 Millionen Euro betragen. Diese wurden damals vom Land Nordrheinwestfalen, der Stadt Dortmund und diversen Spendern übernommen.

---

[47] Vgl. Handelsblatt (2013a)
[48] Vgl. Bednarz, K.-D., Pfeiffer Stefan, Hovemann Arnd, Jaus, Oliver (2003)
[49] Vgl. Süddeutsche.de GmbH (2014)
[50] Vgl. Borussia Dortmund GmbH & Co. KGaA (2014b)
[51] Vgl. SID Sport-Informations-Dienst GmbH (2008)

Seither hat der BVB sehr viel Geld in den Ausbau und die Modernisierung des Stadions gesteckt.[52] Als sich die Schulden am Anfang der Jahrtausendwende im Klub
angesammelt haben, entschloss man sich die Stadionbeteiligung an die Commerz-
bank Tochter Molsiris GmbH zu verkaufen. Anschließend wurde das Stadion mithil-
fe eines sogenannten Sale-and-Lease-Back Verfahrens zurückgemietet. Die Aus-
rüsterfirma goool.de, eine 100 prozentige Tochter des BVBs, hielt nach Verkauf der
Beteiligung noch ca. 6 Prozent am Westfalenstadion. Der Verkauf der Beteiligung
brachte dem BVB 75,4 Millionen Euro ein und war notwendig, um trotz der schlechten finanziellen Situation das Westfalenstadion weiter auszubauen. Die damit fi-
nanzierte dritte Ausbaustufe des Stadions verschaffte dem BVB einen Fußballtem-
pel mit einer Kapazität von 83.000 Zuschauern. Trotz des Verkaufs blieb der BVB
vollkommener Eigentümer des Stadions, da er unter anderem den 90.000 m² großen Grund von der Stadt Dortmund erworben und spezielle Nutzungsbedingungen
in dem damals aufgesetzten Vertrag hinterlegt hatte. Der Klub durfte weiterhin be-
stimmen, welche Veranstaltungen in dem Stadion stattfinden und welche nicht.[53] In
den Schuldenabbau flossen auch die erwirtschafteten 5 Millionen Euro ein, die
durch den Verkauf des Stadionnamens generiert wurden. Der Verkauf fand im Jahre 2005 statt und war grundsätzlich bis Juni 2011 befristet. Solange sollte das Stadion Signal Iduna Park heißen.[54] Aktuell wurden die Namensrechte bis 2026 ver-
längert.[55] Im Jahre 2006, als sich die Situation im Verein verbessert hatte, ent-
schied man die Anteile der Molsiris GmbH zurückzukaufen. Der einmalige Kauf-
preis hierfür lag bei 57,2 Millionen Euro und konnte durch einen Kreditvertrag über
79,2 Millionen Euro von der US-Investmentbank Morgan Stanley finanziert werden.[56] Der Rückkauf wurde durch die beiden Töchter goool.de Sportswear GmbH
und die BVB Beteiligungs-GmbH abgewickelt. Zu diesem Thema wird man beim
dritten Verein Bayer 04 Leverkusen nur wenig diskutieren, da hier finanzielle Be-
lange größtenteils von der Firma Bayer AG gestützt werden.

4. Bayer 04 Leverkusen

Der Turn- und Spielverein 04 Leverkusen wurde am 01. Juli 1904 von Farbenfabri-
ken vormals Friedrich Bayer & Co gegründet und war einer der ersten deutschen
Werksvereine überhaupt. Erst im Jahre 1907 wurde die Fußballabteilung des Ver-

---

[52] Vgl. Borussia Dortmund GmbH & Co KGaA (2014a)
[53] Vgl. Frankfurter Allgemeine Zeitung GmbH (2003)
[54] Vgl. Axel Springer SE (2005)
[55] Vgl. Riede, C. (2014)
[56] Vgl. Kicker Online (2006)

eins ins Leben gerufen.[57] Heute hat der Werksklub einen festen Platz in der Fußball Bundesliga. In der letzten Saison konnte Bayer 04 Leverkusen 98,3 Millionen Euro umsetzen.[58]

4.1. Die Innenfinanzierung von Bayer 04 Leverkusen

Auch bei Leverkusen stellen die TV-Gelder die größte Einnahmequelle für den Verein dar. Die Deutsche Fußball Liga zahlte hier in der letzten Saison 39,5 Millionen Euro aus. Damit erhielt Bayer Leverkusen nach dem FC Bayern und Borussia Dortmund den drittgrößten Auszahlungsbetrag.[59]

Neben dem wichtigsten Partner, der Bayer AG, arbeitet der Fußballklub mit weiteren Sponsoren wie z.B. der LG Electronics Inc. oder dem Ausrüster Adidas zusammen. LG hat im Jahre 2013 einen Dreijahresvertrag mit Bayer 04 Leverkusen geschlossen und übernimmt seither die Rolle als Hauptsponsor. Gleichzeitig fungiert der neue Partner als Trikotsponsor und zahlt dem Klub hierfür 5 Millionen Euro jährlich.[60] Dies ist der größte Anteil der Sponsorengelder, da der Verein in diesem Bereich insgesamt rund 9,5 Millionen Euro einnahm. Die Differenz setzt sich aus den Einnahmen von Adidas und dem Verkauf des Stadionnamens zusammen.[61]

Letztes Jahr erhielt Bayer 04 in der UEFA Champions League neben dem Startgeld von 21,4 Millionen Euro, aufgrund der Siege in der Gruppenphase und dem Erreichen des Achtelfinales zusätzlich 9,3 Millionen Euro.[62] Aus dem laufenden Spielbetrieb in der Bundesliga konnten zusätzlich knapp 5 Millionen Euro generiert werden. Mit Transfers konnte die "Werkself" in der vergangenen Saison 11,7 Millionen Euro einnehmen. Ein wichtiger Faktor war hier der Verkauf von Andre Schürrle an den FC Chelsea. Dieser Transfer allein brachte 22 Millionen Euro ein.[63] Zu den Einnahmen aus Merchandising wurde vereinsseitig keine Auskunft gegeben.

4.2. Die Außenfinanzierung von Bayer 04 Leverkusen

4.2.1. Die Bayer 04 Leverkusen Fußball GmbH

Noch vor Borussia Dortmund und dem FC Bayern München gliederte Bayer 04 Leverkusen am 01. April 1999 die Lizenzspielerabteilung mit Profi-, Amateur- und

---

[57] Vgl. Bayer 04 Leverkusen Fussball GmbH (2007)
[58] Vgl. Randerath, M. (2014a)
[59] Vgl. Rilke, L. (2014)
[60] Vgl. RP Online (2013)
[61] Vgl. Randerath, M. (2014b)
[62] Vgl. SID Sport-Informations-Dienst GmbH (2013)
[63] Vgl. Transfermarkt GmbH & Co. KG (2014)

den A- und B-Jungendmannschaften aus. Daraus entstand die Bayer 04 Leverkusen Fußball GmbH, die wirtschaftlich gesehen eigenverantwortlich handelt, jedoch 100 prozentige Tochter der Bayer AG ist. Der Schritt wurde dadurch begründet, die wirtschaftliche Entwicklung der Bundesliga könne einen eingetragenen Verein nicht mehr tragen. Des Weiteren war er erforderlich, damit die Bayer AG die kompletten Anteile an der Fußballabteilung erwerben konnte.[64]

Gegen die 50-plus-1 Regel, die große Akzeptanz bei den meisten Beteiligten genießt, verstoßen Vereine wie Bayer Leverkusen oder der VfL Wolfsburg nicht, da diese von Ihren Geldgebern über 20 Jahre hinweg unterstützt wurden und so mehrheitlich beteiligt sein dürfen.[65] Aus diesem Grund wird immer wieder gefordert, die Regelung zu verschärfen, da sie derzeit die eben genannten Ausnahmen zulässt. Aktuell sind die Streitigkeiten zur 50-plus-1-Regel wieder in die Presse zurückgekehrt. Seit dem Beschluss der Regel gibt es strenge Verfechter, welche die Regelung abschaffen wollen. Einer von Ihnen ist Martin Kind, der aktuelle Präsident von Hannover 96. Er hat im Jahre 2011 vor dem DFB-Schiedsgericht erstritten, dass die Ausnahmeregelung nicht nur für Vereine gilt, die vor dem 01. Januar 1999 bereits 20 Jahre unterstützt wurden. Die Regel wurde somit wieder gelockert, Herr Kind selbst ist bereits 17 Jahre für Hannover 96 tätig und könnte in drei Jahren die Mehrheitsanteile der Hannover 96 GmbH & Co. KGaA erwerben.[66]

Die Bayer AG unterstützt die Fußballabteilung von Bayer 04 Leverkusen mit 25,2 Millionen Euro im Jahr. Betrachtet man beispielsweise den bereits genannten VfL Wolfsburg, der von der Struktur her mit Leverkusen verglichen werden kann, ist dies wenig Geld. Wolfsburg wird von VW mit bis zu 100 Millionen Euro jährlich unterstützt. Man darf auch nicht außer Acht lassen, dass die doch sehr erfolgreiche Mannschaft einen hohen Werbewert für die Bayer AG besitzt. Von Experten wird dieser auf knapp 80 Millionen Euro geschätzt. Auch im Vergleich zu diesem immateriellen Wert, sind die zur Verfügung gestellten 25,2 Millionen Euro nicht viel Geld. Trotzdem ist die Mannschaft, wie Sie aktuell in der UEFA Champions League und der Bundesliga zeigt, konkurrenzfähig. Ein weiterer Punkt in der Struktur von Bayer 04 Leverkusen ist, das alle Gewinne an die Bayer AG bzw. an die weitere Tochtergesellschaft Erste K-W-A Beteiligungsgesellschaft mbH abgeführt werden müssen. Im Gegenzug würden etwaige Verluste übernommen werden. Natürlich versucht

---

[64] Vgl. Bayer 04 Leverkusen Fussball GmbH (2014a)
[65] Vgl. Zeit Online (2010)
[66] Vgl. SID Sport-Informations-Dienst GmbH (2014a)

der Verein auch andere externe Einnahmequellen zu generieren, doch diese müssten auch im Interesse der Bayer AG liegen. Die aktuelle Situation veranlasst die Verantwortlichen aber nicht dazu die Struktur zu verändern und spricht sich beispielsweise klar gegen einen lang spekulierten Börsengang aus.[67]

4.2.2. Die BayArena

Wie bereits angesprochen hat die 100 prozentige Bindung an die Bayer AG sowohl Vor- als auch Nachteile. Ein klarer Vorteil ist sicher die Finanzierung des Stadions. Das Ulrich-Haberland-Stadion wurde im Jahr 1958 erbaut und ist bis heute die Heimspielstätte von Bayer 04 Leverkusen. In den folgenden Jahren wurde das Stadion von dem Pharmaunternehmen Bayer immer weiter ausgebaut und modernisiert. Die größte Entwicklung nahm im Jahre 1996 ihren Lauf. Ab diesem Zeitpunkt wurde vor allem die Kapazität der Zuschauer weiter aufgestockt. Im Jahr 1998 wurde das Ulrich-Haberland-Stadion dann in die BayArena umbenannt.[68] Die größten Modernisierungsmaßnahmen begannen am 14. Dezember 2007. Die Zuschauerkapazität wurde erneut auf 30.000 Plätze erhöht. Zusätzlich sollte vor allem der Komfort für die Zuschauer und das Stadiondach verbessert werden. Dies ist auch gelungen und hat trotz der kleinen Stadiongröße für einen Maßstab in ganz Europa gesorgt.[69] Die Kosten hierfür beliefen sich auf 70 Millionen Euro. Ursprünglich waren Umbaukosten von 56 Millionen Euro eingeplant. Diese Kosten wurde von der Bayer 04 Immobilien GmbH, einer ebenfalls 100 prozentigen Tochter der Bayer AG finanziert. Das Stadion konnte wie geplant zur Saison 2009/2010 eingeweiht werden.[70] Nur drei Jahre später musste die Bayer AG wieder Geld in das Stadion investieren, da das erst vor kurzem modernisierte Stadiondach brandschutztechnische Mängel aufwies. Über die Kosten von mehreren Millionen Euro musste sich Bayer Leverkusen auch diesmal keine Sorgen machen, da diese vollkommen vom Konzern übernommen wurden.[71] Im Vergleich zu Bayern München oder Borussia Dortmund musste sich die "Werkself" somit keine Gedanken, um den stetig steigenden Anspruch und somit den Ausbau des Stadions machen.

---

[67] Vgl. Klüttermann, S. (2014)
[68] Vgl. Bayer 04 Leverkusen Fussball GmbH (2014b)
[69] Vgl. Bayer 04 Leverkusen Fussball GmbH (2014c)
[70] Vgl. Klüttermann, S. (2012)
[71] Vgl. Dowideit, M. (2012)

5. Der Vergleich der Gesellschaftsformen

In der Fußballbundesliga haben sich derzeit überwiegend drei Gesellschaftsformen etabliert, hierbei handelt es sich um die Aktiengesellschaft, die Gesellschaft mit beschränkter Haftung und die Gesellschaft mit beschränkter Haftung auf Aktien. Diese möchten wir in diesem Kapitel kurz umreißen.

5.1. Die Aktiengesellschaft - AG

Eine Aktiengesellschaft ist eine Handelsgesellschaft mit einer eigenen Rechtspersönlichkeit, somit kann die AG klagen und auch verklagt werden. Bei einer AG handelt es sich um eine Kapitalgesellschaft bei welcher die Aktionäre, auch Gesellschafter genannt, nur mit Ihren Einlagen an dem in Aktien zerlegten Grundkapital beteiligt sind ohne der Geschäftsführung anzugehören. Die Gesellschafter haften nicht persönlich für die Verbindlichkeiten der AG, sondern lediglich bis zur Höhe ihrer Einlage. Das Grundkapital muss mindestens 50.000 Euro betragen. Eine AG ist eine Rechtsform für Großunternehmen, ihre Aktien sind wertpapierrechtlich verbrieft und können von börsennotierten Gesellschaften an der Börse gehandelt werden. Das Leitungsorgan einer AG ist der Vorstand, bei der FC Bayern München AG besteht dieser aus 5 Personen, Vorstandsvorsitzender ist Karl-Heinz Rummenigge. Der Aufsichtsrat stellt das Überwachungsorgan der AG dar, dieser besteht bei der FC Bayern München AG aus 9 Mitgliedern, den Vorsitz hält Karl Hopfner. Das oberste Organ einer AG stellt die Hauptversammlung, als Organ der Aktionäre dar.[72] Die wichtigsten Finanzierungswerkzeuge einer AG stellen im Sinne der Außenfinanzierung die Eigenfinanzierung, die Fremdfinanzierung und die Mezzanino-Finanzierung dar.

Die Eigenkapitalzuführung von außen kann bei einer AG durch eine Kapitalerhöhung erfolgen. Die Kapitalerhöhungen werden dabei nochmals unterteilt. Bei der ordentlichen Kapitalerhöhung wird durch die Ausgabe neuer Aktien das Grundkapital der AG erhöht. Bei der bedingten Kapitalerhöhung wird die Kapitalerhöhung an eine Bedingung gebunden, welche auch erfüllt werden muss: Zum Beispiel zur Erfüllung der Ansprüche auf Wandelung in Aktien aus Wandelschuldverschreibungen, Optionsanleihen zur Vorbereitung von Unternehmenszusammenschlüssen oder zur Gewährung von Bezugsrechten an Arbeitnehmern also Belegschaftsaktien. Für eine genehmigte Kapitalerhöhung ist es erforderlich, dass die Hauptversammlung den Vorstand zur Erhöhung des Grundkapitals bis zu einem bestimmten Betrag durch Ausgabe neuer Aktien ermächtigt. Diese Kapitalerhöhung ist auf fünf Jahre

---

[72] Vgl. Springer Fachmedien Wiesbaden GmbH (2014a)

befristet. Die Kapitalerhöhung aus Mitteln der AG beinhaltet keinen Geldfluss, hier werden lediglich Gewinn- und Kapitalrücklagen in Grundkapital umgewandelt. Für das erhöhte Grundkapital werden in der Regel Aktien an die Aktionäre ausgegeben.[73] Aber auch Private Equity stellt eine Form der Eigen- bzw. Beteiligungsfinanzierung dar. Hierbei wird Eigenkapital von privaten Investoren oder aber auch Private Equity Fonds in nicht börsennotierte Unternehmen investiert. Diese sind bei dieser Finanzierungsform meist nicht an den Dividenden, sondern mehr an der Steigerung des Unternehmenswertes interessiert. Ein gutes Beispiel hierfür sind die Beteiligungen von Audi, der Allianz und Adidas an der FC Bayern München AG oder auch die Beteiligung von Abramowitsch am FC Chelsea.[74] [75]

Die Fremdfinanzierung stellt eine Kapitalerhöhung dar, bei der die Kapitalgeber zu Gläubigern des Unternehmens werden. Merkmale einer Fremdfinanzierung sind zum Beispiel die Rückzahlungsverpflichtung, der Kapitaldienst, die Laufzeit und die nicht vorhandenen Mitwirkungsrechte der Geldgeber im Unternehmen. Für eine Fremdfinanzierung gibt es eine Vielzahl von Möglichkeiten wie zum Beispiel Bankkredite oder Bankdarlehen, Anleihen bzw. Schuldverschreibungen und Leasing, insbesondere Sale-and-Lease-back, wie im Falle von Borussia Dortmund und dem Signal Iduna Park.[76] Bei der Mezzanine-Finanzierung sind die Kapitalformen je nach Finanzierungsinstrument näher am Eigenkapital oder näher am Fremdkapital einzuordnen. Es handelt sich hierbei also um Finanzierungsinstrumente, welche sowohl die Merkmale des Eigen- als auch des Fremdkapitals aufweisen. Eine mögliche Form der Mezzanine-Finanzierung stellt beispielsweise die Aktienanleihe, die stille Beteiligung oder eine Wandelschuldverschreibung dar.[77]

Bei der Innenfinanzierung möchten wir vor allem auf die Finanzierung aus Abschreibungen, die Finanzierung aus Rückstellungen und die Gewinnthesaurierung eingehen. Abschreibungen führen anders als Gehälter oder Materialaufwand nicht zu Auszahlungen und stehen daher dem Unternehmen als liquides Mittel zur Verfügung, daher spricht man hier auch vom Kapitalfreisetzungseffekt. Im Falle des FC Bayern München stehen hier 55,9 Millionen Euro und bei Borussia Dortmund 5,3 Millionen Euro als liquide Mittel zur Verfügung. Von der Finanzierung aus Rückstellungen spricht man, da die Rückstellungen bis zu ihrer Inanspruchnahme genutzt

---

[73] Vgl. Stiller, G. (2014d)
[74] Vgl. Stiller, G. (2014a)
[75] Vgl. Prigge, S., Vöpel, H. (2014)
[76] Vgl. Stiller, G. (2014b)
[77] Vgl. Springer Fachmedien Wiesbaden GmbH (2014d)

werden können und somit der Finanzierung des Unternehmens dienen. Die Gewinnthesaurierung ist die Finanzierung aus einbehalten also nicht ausgeschütteten Unternehmensgewinnen. Diese betrug beim BVB im letzten Geschäftsjahr 47,1 Millionen Euro und bei der Bayern München AG 259,3 Millionen Euro.[78]

5.2. Die Kommanditgesellschaft auf Aktien - KGaA

Die KGaA ist eine Mischform aus Elementen einer Kommanditgesellschaft und einer Aktiengesellschaft. Es handelt sich hierbei um eine AG, die anstelle eines Vorstandes über einen persönlich haftenden Komplementär verfügt, welcher auch die Geschäfte führt. Die Kommanditisten oder auch Kommanditaktionäre haften nur mit ihrer Einlage. Die KGaA ist neben der AG die einzige börsenfähige Gesellschaftsform. Der Aufsichtsrat hat auch bei der KGaA die Aufgabe die Kommanditaktionäre gegenüber den Komplementären zu vertreten.[79] Eine Kommanditgesellschaft auf Aktie hat genau wie eine Aktiengesellschaft die Möglichkeit ihr Kapital durch eine ordentliche Kapitalerhöhung, eine bedingte Kapitalerhöhung, eine genehmigte Kapitalerhöhung oder eine Kapitalerhöhung aus Gesellschaftsmitteln zu erhöhen. Auch in den anderen Finanzierungsmöglichkeiten deckt sie sich mit der AG. Vor allem im deutschen Fußball hat diese Gesellschaftsform Anklang gefunden. Nicht nur Borussia Dortmund, sondern auch Vereine wie der TSV 1860 München oder Hannover 96 haben eine Kommanditgesellschaft auf Aktien gegründet. Im Fußball handelt es sich jedoch nicht um reine Kommanditgesellschaften auf Aktien, hier handelt es sich bei dem haftenden Komplementär um eine Gesellschaft mit beschränkter Haftung. Durch diese Form lässt sich die Haftung der Kommanditgesellschaft auf das Vermögen der GmbH beschränken.[80] [81]

5.3. Die Gesellschaft mit beschränkter Haftung - GmbH

Die GmbH ist ebenfalls eine Kapitalgesellschaft und haftet unbeschränkt mit ihrem Vermögen. Die Gesellschafter haften nur gegenüber der Gesellschaft mit ihren erbrachten Einlagen. Der Geschäftsführer leitet die Geschäfte, ein Aufsichtsrat kann bestellt werden. Ab einer Mitarbeiterzahl von 500 muss ein Aufsichtsrat als Überwachungsorgan bestellt werden. Aus dem Gesellschaftsvertrag ergibt sich für die Gesellschafter die Verpflichtung zur Leistung ihres Stammkapitalanteils. Die Stammeinlage bei einer GmbH beträgt mindestens 25.000 Euro. Die Erhöhung des

---

[78] Vgl. Stiller, G. (2014c)
[79] Vgl. Springer Fachmedien Wiesbaden GmbH (2014c)
[80] Vgl. TSV München von 1860 GmbH & Co. Kommanditgesellschaft auf Aktien (2014)
[81] Vgl. Neuner, M. (2013)

Stammkapitals nach Gründung einer GmbH kann durch Zuführung von neuem Stammkapital oder Aufnahme neuer Gesellschafter erfolgen. Diese Möglichkeit kann durch zusätzliche Bar- oder Sacheinlagen der Gesellschafter erfolgen oder durch Gesellschaftsmittel, hierbei werden bereits vorhandene Mittel in zusätzliches Stammkapital umgewandelt. Die Kapitalerhöhung ist jedoch eine Änderung des Gesellschaftervertrages. Auch Gewinnrücklagen bzw. einbehaltene Gewinne der GmbH können für eine Kapitalerhöhung verwendet werden, wenn im Beschluss über die Ergebnisverwendung eine Zufuhr zu den Gewinnrücklagen vorgesehen ist.[82] [83] Die weiteren Finanzierungsmöglichkeiten einer GmbH sind vergleichbar mit den oben genannten Finanzierungsmöglichkeiten einer AG.

Betrachtet man die derzeitigen achtzehn Bundesligavereine in ihren Gesellschaftsformen, stellt man schnell fest, dass die meist gewählte Unternehmensform mit sechs Bundesligisten die GmbH & Co. KGaA ist. Aber auch die ursprüngliche Vereinsform des eingetragenen Vereines ist mit fünf Bundesligavereinen im Gegenzug zur GmbH mit vier und der AG mit nur drei Vereinen, noch stark in der ersten Bundesliga vertreten.[84]

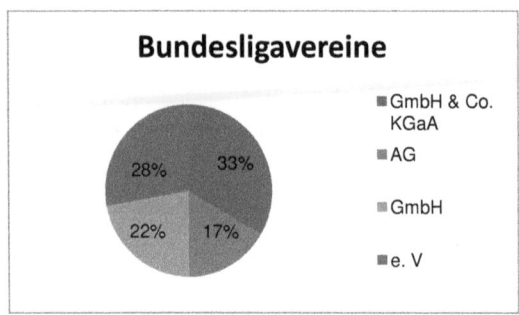

Abb. 1: Unternehmensformen der Bundesligisten, Quelle: Eigene Abbildung

6. Fazit

Viele Vereine können sich heutzutage lediglich mit Mäzen finanzieren. Auch in Deutschland findet dieses System immer häufiger Anklang. Vereine wie der TSV 1860 München, Rasenballsport Leipzig oder TSG Hoffenheim können sich nur durch die finanzielle Unterstützung der privaten Geldgeber über Wasser halten bzw. sportlich erfolgreich sein. Viel extremer findet diese Finanzierungsart noch im

---

[82] Vgl. Volkelt-Beratungs-Center (2014)
[83] Vgl. Springer Fachmedien Wiesbaden GmbH (2014b)
[84] Vgl. Streit, M. (2014)

europäischen Fußball statt. Neben Manchester City und Paris Saint Germain ist der FC Chelsea mit Roman Abramowitsch, der sehr viel privates Geld in den englischen Spitzenklub gesteckt hat, eines der besten Beispiele. Erst durch seine Übernahme wurde Chelsea so erfolgreich. Dieser anhaltende Trend wird sich in Zukunft aufgrund des schlechten Wirtschaftens vieler Klubs noch verstärken und für viele Vereine die einzige Möglichkeit sein, sportlich mitzuhalten. Da diese Unterstützungsart aber einen gravierenden Nachteil für viele andere Klubs bringt, hat die UEFA das Financial-Fair-Play-System entwickelt. Dieses Vorgehen ist schon ein Schritt in die richtige Richtung. Gerade Vereine wie Manchester City oder Paris Saint Germain wurde deshalb schon zu großen Geldstrafen verurteilt. Da das System aber immer noch Ausnahmen zulässt, kann es nicht als ausgereift und schon gar nicht als einziger Problemlöser herangezogen werden. Wenn man jedoch Vereine wie den FC Bayern München, Borussia Dortmund oder Bayer Leverkusen und deren Finanzierungsformen betrachtet, sieht man, dass es auch andere Möglichkeiten gibt. Alle drei Vereine beweisen, dass gerade in der Bundesliga auch ohne Mäzen erfolgreich Fußball gespielt werden kann. Sie qualifizieren sich regelmäßig für die UEFA Champions League und sind somit sportlich gesehen die solidesten Größen in Deutschland. Da bei Bayer 04 Leverkusen die Bayer AG für seine Investitionen eine Gegenleistung im Sinne von Imageverbesserung und Werbung erhält, kann diese Finanzierungsform nicht mit den Mäzen verglichen werden. Des Weiteren verfügt jeder Verein über ein eigens finanziertes Stadion, welches abbezahlt ist und somit keine Schuldenlast darstellt. Dies konnte eben durch gängige Gesellschaftsformen wie der GmbH, der AG oder der GmbH & Co. KGaA erreicht werden. Nicht nur im Fußball werden diese Wege genutzt um wirtschaftlich erfolgreich zu sein. Viele europäische Klubs könnten sich an diesen soliden Finanzierungsformen durchaus ein Beispiel nehmen, um so dem negativen Trend ein Ende zu bereiten.

Literaturverzeichnis

Allianz Arena München Stadion GmbH (Hrsg.) (2014): Bauentwicklung Allianz Arena. URL: https://www.allianz-arena.de/de/fakten/bauentwicklung/, abgerufen am: 19. Oktober 2014.

Andres, D. (2013): Zwischen Hoffnung und Größenwahn. Warum Fußballclubs in Finanzfragen oft versagen. URL: http://www.focus.de/finanzen/experten/andres/zwischen-hoffnung-und-groessenwahn-warum-fussballclubs-in-finanzfragen-oft-versagen_id_2856787.html, abgerufen am: 26. Oktober 2014.

Axel Springer SE (Hrsg.) (2005): Borussia Dortmund verkauft Stadion-Namen. URL: http://www.welt.de/print-welt/article171235/Borussia-Dortmund-verkauft-Stadion-Namen.html, abgerufen am: 31. Oktober 2014.

Bayer 04 Leverkusen Fussball GmbH (Hrsg.) (2007): Die Gründerjahre - Mit einem Brief fing alles an. URL: http://www.bayer04.de/b04-deu/de/947.aspx?guid=947-608E8C06-7342-4758-B050-F1580CBE7150, abgerufen am: 8. November 2014.

Bayer 04 Leverkusen Fussball GmbH (Hrsg.) (2014a): Der Weg zur Bayer 04 Leverkusen Fußball GmbH. URL: http://www.bayer04.de/b04-deu/de/1047.aspx?guid=1047-5822DEFE-3A33-4361-800F-EECE10821A8D, abgerufen am: 8. November 2014.

Bayer 04 Leverkusen Fussball GmbH (Hrsg.) (2014b): Historie und Geschichte des Stadions, Bayer 04 Leverkusen Fussball GmbH. URL: http://www.bayer04.de/b04-bay/de/237.aspx?guid=237-EBC279EE-D274-4523-A7C4-11AE32098A18, abgerufen am: 8. November 2014.

Bayer 04 Leverkusen Fussball GmbH (Hrsg.) (2014c): Umbau der BayArena. URL: http://www.bayer04.de/b04-bay/de/236.aspx?guid=236-67E29F19-4F47-44E0-B0F0-7E1992B6173F, abgerufen am: 8. November 2014.

Bayern Magazin (Hrsg.) (2009): Blick hinter die Kulissen des FC Bayern München. URL: http://bavarianspaces.de/muenchen/fc-bayern-muenchen/2232/, abgerufen am: 19. Oktober 2014.

Bednarz, K.-D., Pfeiffer Stefan, Hovemann Arnd & Jaus Oliver (2003): Bälle, Tore und Finanzen: Wege aus dem finanziellen Abseits, S. 6.

Borussia Dortmund GmbH & Co KGaA (Hrsg.) (2014a): SIGNAL IDUNA PARK, Alle Informationen rund um das Dortmunder Stadion, Borussia Dortmund. URL: http://www.bvb.de/Der-BVB/Signal-Iduna-Park/SIGNAL-IDUNA-PARK, abgerufen am: 31. Oktober 2014.

Borussia Dortmund GmbH & Co. KGaA (Hrsg.) (2014b): Aktionärsstruktur, BVB Aktie. URL: http://aktie.bvb.de/BVB-Aktie/Aktionaersstruktur, abgerufen am: 25. Oktober 2014.

Borussia Dortmund GmbH & Co. KGaA (Hrsg.) (2014c): Borussia Dortmund erhält Zulassung zum 'Prime Standard', Corporate News, IR News, BVB Aktie. URL: http://aktie.bvb.de/IR-News/Corporate-News/Borussia-Dortmund-erhaelt-Zulassung-zum-Prime-Standard, abgerufen am: 22. November 2014.

Borussia Dortmund GmbH & Co. KGaA (Hrsg.) (2014d): Geschäftsbericht 2013/2014, S. 37–40.

Borussia Dortmund GmbH & Co. KGaA (2014e): Geschäftsbericht 2013/ 2014, S. 70–98.

Borussia Dortmund GmbH & Co. KGaA (2014f): Unternehmensportrait / BVB auf einen Blick / BVB Aktie. URL: http://aktie.bvb.de/BVB-auf-einen-Blick/Unternehmensportrait, abgerufen am: 31. Oktober 2014.

Brand Finance plc (2014): Brand Finance Football 50 Report 2014. URL: http://issuu.com/brandfinance/docs/brandfinance_football_50_2014, abgerufen am: 17. Oktober 2014.

DFL Deutsche Fußball Liga GmbH (2014): Ligavorstand beschließt mehr Planungssicherheit bei Verteilung der Medien-Einnahmen - News - Bundesliga bundesliga.de - die offizielle Webseite der Bundesliga. URL: http://www.bundesliga.de/de/liga/news/2013/ligavorstand-beschlie-t-mehr-planungssicherheit-bei-verteilung-der-medien-einnahmen.php, abgerufen am: 31. Oktober 2014.

Dowideit, M. (2012): Stadion Leverkusen: Bayers peinlicher Dachschaden. URL: http://www.handelsblatt.com/unternehmen/industrie/stadion-leverkusen-bayers-peinlicher-dachschaden/6709430.html, abgerufen am: 8. November 2014.

FC Bayern München (2014a): Abteilungen - FC Bayern München AG. URL: http://www.fcbayern.de/de/club/fcb-ag/abteilungen/, abgerufen am: 19. Oktober 2014.

FC Bayern München (2014b): Seriöses Wirtschaften - Erlebniswelt. URL: http://fcb-erlebniswelt.de/de/die-werte/serioeses-wirtschaften/?, abgerufen am: 17. Oktober 2014.

FC Bayern München (2014c): Sponsors - FC Bayern München AG. URL: http://www.fcbayern.de/en/club/sponsors/, abgerufen am: 31. Oktober 2014.

FC Bayern München (2014d): Verantwortung - Erlebniswelt. URL: http://fcb-erlebniswelt.de/de/die-werte/verantwortung/index.php, abgerufen am: 8. November 2014.

FC Bayern München AG (2013): Jahresabschluss FC Bayern München AG, S. 1–2.

Finanzen100 (2014): Borussia Dortmund Aktien-Dossier. URL: http://www.finanzen100.de/aktien/borussia-dortmund-wkn 549309_H1532172409_82005/, abgerufen am: 25. Oktober 2014.

Focus Online (2002): FUSSBALL: FC Bayern hat jetzt gute Aktien - Fußball. URL: http://www.focus.de/sport/fussball/fussball-fc-bayern-hat-jetzt-gute-aktien_aid_205876.html, abgerufen am: 19. Oktober 2014.

Frankfurter Allgemeine Zeitung GmbH (2001): FC Bayern München: Adidas kauft sich beim FC Bayern ein, Frankfurter Allgemeine Zeitung GmbH. URL: http://www.faz.net/aktuell/sport/fc-bayern-muenchen-adidas-kauft-sich-beim-fc-bayern-ein-132441.html, abgerufen am: 19. Oktober 2014.

Frankfurter Allgemeine Zeitung GmbH (2003): Fußball-Bundesliga: Dortmund verkauft Stadion-Beteiligung, Frankfurter Allgemeine Zeitung GmbH. URL: http://www.faz.net/aktuell/wirtschaft/fussball-bundesliga-dortmund-verkauft-stadion-beteiligung-190706.html, abgerufen am: 31. Oktober 2014.

Handelsblatt (2013a): Borussia Dortmund – ein Börsendrama in schwarz-gelb. URL: http://www.handelsblatt.com/finanzen/aktien/aktien-im-fokus/bvb-aktieborussia-dortmund-ein-boersendrama-in-schwarz-gelb/3577448.html#image, abgerufen am: 14. November 2014.

Handelsblatt (Hrsg.) (2013b): Das sind die umsatzstärksten Fußballklubs der Welt. URL: http://www.handelsblatt.com/sport/fussball/nachrichten/deloitte-money-league-das-sind-die-umsatzstaerksten-fussballklubs-der-welt/7680250.html, abgerufen am: 17. Oktober 2014.

Hopfner, K. (2012): Bericht Vorstand Karl Hopfner, S. 3.

Hopfner, K. (2014): Seriöses Wirtschaften - Erlebniswelt. URL: http://fcb-erlebniswelt.de/de/die-werte/serioeses-wirtschaften/?, abgerufen am: 17. Oktober 2014.

Hörwick, M. (2013): Der FC Bayern Konzern mit neuem Rekordumsatz, S. 1–2.

Kicker Online (Hrsg.) (2006): BVB unterzeichnet Kreditvertrag über 79,2 Millionen Euro. URL: http://www.kicker.de/news/fussball/bundesliga/startseite/350609/artikel_bvb-unterzeichnet-kreditvertrag-ueber-792c2-millionen-euro.html, abgerufen am: 31. Oktober 2014.

Klüttermann, S. (2012): Bayer AG zahlt Stadionumbau. URL: http://www.rp-online.de/nrw/staedte/leverkusen/bayer-ag-zahlt-stadionumbau-aid-1.2844427, abgerufen am: 8. November 2014.

Klüttermann, S. (2014): Börsengang ist für Bayer 04 Leverkusen keine Option, RP Online. URL: http://www.rp-online.de/sport/fussball/bayer-04/boersengang-ist-fuer-bayer-04-leverkusen-keine-option-aid-1.4143790, abgerufen am: 8. November 2014.

Neuner, M. (2013): RECHTSFORMEN FÜR BETEILIGUNGSFINANZIERUNG, S. 8–10.

Prigge, S., & Vöpel, H. (2014): Investoren und Mäzene im Fußball - eine Typologie externer Kapitalgeber. URL: http://www.hwwi.org/publikationen/publikationen-einzelansicht/zur-diskussion-investoren-und-maezene-im-fussball///6562.html, abgerufen am: 15. November 2014.

Randerath, M. (2014a): Einnahmen - Bayer Leverkusen. URL: http://fussball-geld.de/einnahmen-bayer-leverkusen/, abgerufen am: 16. November 2014.

Randerath, M. (2014b): Einnahmen der Vereine - Sponsoren. URL: http://fussball-geld.de/einnahmen-der-vereine-sponsoren/, abgerufen am: 16. November 2014.

Reuters Nachrichtenagentur (Hrsg.) (2009): Millionenvertrag: Audi wird Großaktio-när beim FC Bayern München. URL: http://www.spiegel.de/wirtschaft/unternehmen/millionenvertrag-audi-wird-grossaktionaer-beim-fc-bayern-muenchen-a-663738.html, abgerufen am: 19. Oktober 2014.

Reuters Nachrichtenagentur (Hrsg.) (2014): Mega-Deal:Allianz steigt für 110 Millio-nen Euro beim FC Bayern ein. URL: http://www.handelsblatt.com/unternehmen/versicherungen/mega-deal-allianz-steigt-fuer-110-millionen-euro-beim-fc-bayern-ein/9467628.html, abgerufen am: 19. Oktober 2014.

Riede, C. (2014): Neue Anteilseigner: Borussia Dortmund gibt 24,5 Millionen neue Aktien aus. URL:

http://www.dasinvestment.com/nc/investments/versicherungen/news/datum/201
4/08/22/borussia-dortmund-gibt-245-millionen-neue-aktien-aus/, abgerufen am:
31. Oktober 2014.

Rilke, L. (2014): Geld aus TV-Vermarktung: Eine Bundesliga-Tabelle steht schon -
SPIEGEL ONLINE. URL: http://www.spiegel.de/sport/fussball/bundesliga-so-
werden-die-fernseheinnahmen-an-die-vereine-verteilt-a-986643.html, abgerufen
am: 31. Oktober 2014.

RP Online (Hrsg.) (2013): Leverkusen: Koreanischer Sponsor für Bayer Leverkusen. URL: http://www.rp-online.de/sport/koreanischer-sponsor-fuer-bayer-
leverkusen-aid-1.3641199, abgerufen am: 16. November 2014.

SID Sport-Informations-Dienst GmbH (2008): Fußball Bundesliga: Liga schiebt
Großinvestoren Riegel vor. URL:
http://www.handelsblatt.com/sport/fussball/nachrichten/fussball-bundesliga-liga-
schiebt-grossinvestoren-riegel-vor/3037054.html, abgerufen am: 27. Oktober
2014.

SID Sport-Informations-Dienst GmbH (2013): Über 93,55 Millionen Euro Einnahmen. URL:
http://www.spox.com/de/sport/fussball/championsleague/1312/News/deutsche-
teams-kassieren-ueber-93-millionen-euro-bayer-muenchen-leverkusen-schalke-
dortmund.html, abgerufen am: 16. November 2014.

SID Sport-Informations-Dienst GmbH (2014a): Fußball Bundesliga: Hannovers
Präsident kündigt Rückzug an. URL: http://www.handelsblatt.com/fussball-
bundesliga-hannovers-praesident-kuendigt-rueckzug-an/10899218.html, abgerufen am: 31. Oktober 2014.

SID Sport-Informations-Dienst GmbH (2014b): Kampfansage an die Bayern: Evonik
kauft sich bei Borussia Dortmund ein. URL:
http://www.handelsblatt.com/cport/fussball/nachrichten/kampfansage-an-die-
bayern-evonik-kauft-sich-bei-borussia-dortmund-ein/10116514.html, abgerufen
am: 31. Oktober 2014.

SID Sport-Informations-Dienst GmbH (2014c): Merchandising als Geldbringer: BVB
macht wegen Götze weniger Gewinn - n-tv.de. URL: http://www.n-
tv.de/wirtschaft/BVB-macht-wegen-Goetze-weniger-Gewinn-
article13422636.html, abgerufen am: 31. Oktober 2014.

Spiegel Online (Hrsg.) (1998): Revolution in der Bundesliga. URL:
http://www.spiegel.de/spiegel/print/d-8002611.html, abgerufen am: 31. Oktober
2014.

Spiegel Online (Hrsg.) (2000): Fussball-Aktie: Eigentor für Borussia Dortmund.
URL: http://www.spiegel.de/wirtschaft/fussball-aktie-eigentor-fuer-borussia-
dortmund-a-100642.html, abgerufen am: 25. Oktober 2014.

Spiegel Online (Hrsg.) (2013): 305 Millionen Euro: Dortmund feiert Rekordumsatz.
URL: http://www.spiegel.de/sport/fussball/borussia-dortmund-feiert-rekord-
umsatz-a-918008.html, abgerufen am: 23. Oktober 2014.

Springer Fachmedien Wiesbaden GmbH (Hrsg.) (2014a): Aktiengesellschaft (AG).
URL: http://wirtschaftslexikon.gabler.de/Archiv/54009/aktiengesellschaft-ag-
v10.html, abgerufen am: 15. November 2014.

Springer Fachmedien Wiesbaden GmbH (Hrsg.) (2014b): Gesellschaft mit beschränkter Haftung (GmbH). URL: http://wirtschaftslexikon.gabler.de/Archiv/5770/gesellschaft-mit-beschraenkterhaftung-gmbh-v14.html, abgerufen am: 15. November 2014.

Springer Fachmedien Wiesbaden GmbH (Hrsg.) (2014c): Kommanditgesellschaft auf Aktien (KGaA). URL: http://wirtschaftslexikon.gabler.de/Archiv/3365/kommanditgesellschaft-aufaktien-kgaa-v9.html, abgerufen am: 15. November 2014.

Springer Fachmedien Wiesbaden GmbH (Hrsg.) (2014d): Mezzanine-Finanzierung. URL: http://wirtschaftslexikon.gabler.de/Archiv/8779/mezzanine-finanzierungv11.html, abgerufen am: 15. November 2014.

Stiller, G. (2014a): Beteiligungsfinanzierung. URL: http://www.wirtschaftslexikon24.com/d/beteiligungsfinanzierung/beteiligungsfinanzierung.htm, abgerufen am: 15. November 2014.

Stiller, G. (2014b): Fremdfinanzierung. URL: http://www.wirtschaftslexikon24.com/d/fremdfinanzierung/fremdfinanzierung.htm, abgerufen am: 15. November 2014.

Stiller, G. (2014c): Innenfinanzierung. URL: http://www.wirtschaftslexikon24.com/d/innenfinanzierung/innenfinanzierung.htm, abgerufen am: 15. November 2014.

Stiller, G. (2014d): Kapitalerhöhung bei der AG. URL: http://www.wirtschaftslexikon24.com/d/kapitalerhoehung-ag/kapitalerhoehungag.htm, abgerufen am: 15. November 2014.

Streit, M. (2014): Fußball-Vereine sind heute Konzerne. URL: http://www.wiwo.de/unternehmen/dienstleister/die-bundesliga-gmbh-fussballvereine-sind-heute-konzerne-seite-all/10348344-all.html, abgerufen am: 28. November 2014.

Süddeutsche.de GmbH (Hrsg.) (2014): Bundesliga – Kapitalerhöhung macht BVB um 114 Millionen reicher. URL: http://www.sueddeutsche.de/sport/bundesligakapitalerhoehung-macht-bvb-um-millionen-reicher-1.2123323, abgerufen am: 25. Oktober 2014.

Transfermarkt GmbH & Co. KG (Hrsg.) (2014): Transfers Bayer 04 Leverkusen. URL: http://www.transfermarkt.de/bayer-04-leverkusen/alletransfers/verein/15, abgerufen am: 16. November 2014.

Transfermarkt.de (Hrsg.) (2014): Transfers 13/14 - Borussia Dortmund - Transfermarkt. URL: http://www.transfermarkt.de/borussiadortmund/transfers/verein/16?saison_id=2013&pos=&detailpos=, abgerufen am: 31. Oktober 2014.

TSV München von 1860 GmbH & Co. Kommanditgesellschaft auf Aktien (Hrsg.) (2014): TSV 1860 München - Die KGaA. URL: http://www.tsv1860.de/tsv-1860/kgaa/die-kgaa, abgerufen am: 15. November 2014.

UEFA (Hrsg.) (2010): UEFA-Reglement zur Klublizenzierung und zum finanziellen Fairplay, S. 2–3.

Volkelt-Beratungs-Center (2014): Finanzierungsmöglichkeiten in der GmbH, GmbH, Geschäftsführer. URL: http://gmbhgf.de/lexikon/finanzierungsmoeglichkeiten-in-der-gmbh, abgerufen am: 15. November 2014.

Wolff, S. (2000): BÖRSENGANG - Als erster Bundesliga-Verein geht Borussia Dortmund an die Börse. So will der BVB seinen hohen Kapitalbedarf decken. Erfahrungen aus dem Ausland zeigen, dass Fußball-Aktien großen Schwankungen unterliegen. Jeder Fan ein Aktionär, jedes Tor mehr Geld?, URL: http://www.berliner-zeitung.de/archiv/boersengang---als-erster-bundesliga-verein-geht-borussia-dortmund-an-die-boerse--so-will-der-bvb-seinen-hohen-kapitalbedarf-decken--erfahrungen-aus-dem-ausland-zeigen--dass-fussball-aktien-grossen-schwankungen-unterliegen--jeder-fan-ein-aktionaer--jedes-tor-mehr-geld-,10810590,9844962.html, abgerufen am: 25. Oktober 2014.

Zeit Online (Hrsg.) (2010): Mehrheit für 50-plus-1: Moderner Sport braucht moderne Regeln. URL: http://www.zeit.de/sport/fussball/2009-11/50-1-regel-kommentar, abgerufen am: 8. November 2014.